QUELQUES *LIBELLI*

DE

LA FRANCE DU NORD

XIIIe-XIVe SIÈCLES

PAR

ROBERT CAILLEMER

PROFESSEUR AGRÉGÉ D'HISTOIRE DU DROIT

A L'UNIVERSITÉ DE GRENOBLE

Extrait des *MÉLANGES GÉRARDIN*

LIBRAIRIE

DE LA SOCIÉTÉ DU RECUEIL J.-B. SIREY & DU JOURNAL DU PALAIS

Ancienne Maison L. LAROSE et FORCEL

22, rue Soufflot, PARIS, 5e arrdt

L. LAROSE & L. TENIN, Directeurs

1907

QUELQUES *LIBELLI*

DE

LA FRANCE DU NORD

(XIIIe-XIVe SIÈCLES)

BIBLIOTHÈQUE NATIONALE

Les formules que nous publions plus loin ont été ajoutées, au xiiie siècle ou au xive, à un manuscrit des *Libelli* de Roffredus, qui se trouve à la Bibliothèque Nationale, Latin 11724. Ce manuscrit, dont M. Hermann Fitting a donné naguère une description détaillée [1], contient, outre les deux ouvrages du jurisconsulte italien (*Libelli juris civilis* et *Libelli juris canonici*), une série de textes juridiques fort intéressants pour l'histoire du droit et de la science juridique en France au xiiie siècle et au xive. Les textes que nous publions ici ont, avec le contenu principal du manuscrit, un lien plus étroit que tous les autres textes juridiques qui les environnent. Ces documents, au nombre de quatorze, servent d'illustration aux *Libelli* de Roffredus, mettant, en regard des formules du corps de l'ouvrage, des exemples de formules usitées dans le Nord de la France.

Ces formules additionnelles n'ont sans doute jamais fait partie d'une collection unique. Ce sont des mains différentes qui les ont insérées sur les parties du manuscrit qui étaient primitivement restées en blanc. Elles se répartissent en deux groupes bien nets :

I. — Une première série de formules se trouve sur les deux

---

[1] *Nouvelle Revue historique de droit*, 1905, p. 709 et suiv.

premiers feuillets de garde du manuscrit; elle occupe la totalité des f°s 1, v°, et 2, r° et v°. Ces *libelli* sont tous de la même écriture et constituent une petite collection, de la fin du xiiie siècle ou du début du xive. Ils sont longs et détaillés, et précédés chacun d'un court sommaire. Trois d'entre eux concernent des procès entre laïcs : une action *ex mutuo* (n° 2), et deux actions en garantie pour éviction d'un immeuble acheté (n°s 3 et 4). Deux autres *libelli* se rapportent à des procès entre clercs; c'est le procureur d'un chapitre qui réclame au recteur d'une église la reconnaissance du droit de patronage du chapitre et le paiement d'une rente annuelle (n° 1); puis c'est le recteur d'une église qui invoque, à l'encontre d'un prieur, le droit exclusif d'ensevelir les habitants de sa paroisse, et qui demande qu'on lui rende les corps de ses paroissiens enterrés dans la chapelle du prieuré et les droits perçus à l'occasion de leur sépulture (n° 6). Enfin deux *libelli* concernent des actions intentées par les marguilliers d'une église, contre un individu qui a brisé la cloche de l'église (n° 5), et contre les habitants d'un hameau qui refusent de contribuer à la restauration de cette cloche, et qui ne paient qu'une somme insuffisante pour le grangeage des blés et le charriage des vins : taxes dont le produit est destiné à la réfection des chemins de la paroisse (n° 7).

Cette collection de formules est originaire du Nord ou du Nord-Est de la France. Il y est question de lettres délivrées par le bailli de Senlis, et de coutumes observées dans le diocèse de Beauvais. On y relève le nom de *Iohannes dictus Le Feron*, et on trouve, au xiiie siècle, en Picardie et dans le Nord-Est de la France, une famille de ce nom [1]; il y a même, à Reims, en 1251, un chanoine nommé *Iohannes dictus Le Feron* [2], et plus tard un échevin de Reims qui s'appelle aussi Jean Le Ferron [3]. Quant au *capitulum S. Dyon.*,

----

(1) Ul. Chevalier, *Topobibliographie*, v° *Féron*.

(2) Varin, *Archives administratives de la ville de Reims*, II, p. 100, note.

(3) V. la table des *Archives de la ville de Reims* de Varin, h. v°, p. 318.

qui figure dans le premier libelle, il peut s'agir, soit du chapitre de Saint-Denis près Paris, soit plutôt du chapitre de
l'église Saint-Denis de Reims, en conflit avec une des nom-
breuses églises de Reims ou des environs sur lesquelles ce
chapitre exerçait un droit de patronage.

II. — Les autres formules sont éparses dans le reste du
manuscrit, aux f⁰ˢ 103, v⁰, 119, v⁰, et 120, r⁰ et v⁰[1]. Elles ne
contiennent pas, comme les premières, d'indications de noms
de lieux ou de personnes, et, si l'on peut les rattacher à la
France coutumière, c'est à raison du droit qu'elles nous révè-
lent. Par leur écriture, elles semblent appartenir au xiv⁰
siècle.

Elles concernent des questions très variées. On trouvera,
au n⁰ 8, une action en réclamation d'un cens non payé; au
n⁰ 10, une action par laquelle un marié *per verba de presenti*
veut faire condamner son conjoint à solenniser ce mariage
in facie ecclesie : formule qui rappelle une *peticio* du *Liber
practicus de consuetudine Remensi*[2]. Deux formules intéres-
sent le régime des biens dans la famille. Au n⁰ 9, une fille
réclame à son père, veuf et remarié, le tiers de la société qui
s'est constituée, après le décès de sa mère, entre son père, la
nouvelle épouse de son père, et elle-même : société qui semble bien n'être née qu'après un certain délai, sans doute
d'an et jour[3]. Au n⁰ 12, une veuve, qui a renoncé à la communauté et repris seulement sa dot, demande à ne pas payer
les dettes communes et à être relevée de l'excommunication
qu'elle a encourue de leur chef[4]. Enfin il y a trois actions

---

(1) Les f⁰ˢ 119 et 120 sont des feuillets de garde, pris à un ms. du *Diges-
tum vetus*.

(2) N⁰ 270. — Varin, *Archives législatives de la ville de Reims,* I, p. 284.
— Cf. Esmein, *Le mariage en droit canonique,* t. I, p. 184.

(3) Cf., sur ces continuations de communauté, Glasson, *Histoire du droit
de la France,* VII, p. 374 et s.; Brissaud, *Manuel,* p. 1724 et s.

(4) Sur cette *excommunicatio ob debita non soluta,* V. Du Cange-Henschel,
h. v⁰. C'est une des étapes de la procédure d'exécution. — Cf. Brissaud,
p. 1407.

relatives à des testaments, 'une (n° **11**) dirigée contre le fils des testateurs, les autres intentées contre des exécuteurs testamentaires par un créancier du défunt (n° **13**), et par un légataire qui réclame, outre son legs, une partie d'un legs fait à un de ses frères défunt, et qui doit lui revenir par accroissement (n° **14**). Ainsi, dans ces formules comme dans la première collection, on trouve côte à côte des libelles destinés à servir devant les Cours d'Église et devant les juridictions séculières.

Nous publions ces textes dans l'ordre où le manuscrit les présente, en les numérotant et en séparant les deux séries que nous avons indiquées.

I

1 (1). — *Super spoliatione iuris et procurationis annue prestationis.* — *Libellus.*

Dicit et proponit in iure coram nobis procurator uenerabilium uirorum capituli ecclesie Sancti Dyon., nomine procuratorio ipsorum et pro ipsis, contra B. rectorem ecclesie Sancti S., quod, cum capitulum fuisset et esset in possessione uel quasi iuris patronatus ecclesie Sancti S. predicte, et percipiendi et habendi iura aliqua in eadem ecclesia Sancti S. et de eadem ecclesia, in processu iudicii, si opus fuerit, apercius declaranda; et inter cetera cum dictum capitulum fuisset et esset in possessione uel quasi a rectoribus dicte parrochialis ecclesie Sancti S. qui pro tempore fuerunt huiusmodi iuris : uidelicet quod dicti rectores, cum super hoc erant requisiti, prestabant in dicta ecclesia Sancti D. iuramentum dicto capitulo uel deputato seu deputatis ab eo, de omni iure et rebus canonicorum dicti capituli et ecclesie Sancti D. predicte, de quibus erant in possessione uel quasi, in ecclesia et ratione ecclesie Sancti D. predicte, obseruandis bona fide dictis

(1) F° 1, v°.

capitulo et ecclesie Sancti D. predicte; et cum dictum capitulum fuisset et esset in huiusmodi possessione uel quasi a presbiteris parrochialibus ecclesie Sancti S. et capellanis et clerico (1) ecclesie Sancti S.
predicte ad petitionem canonicorum ecclesie Sancti D. predicte; et
fuissent et essent dictum capitulum et canonici predicti et clerici dicti
ecclesie Sancti D. singulis annis in possessione uel quasi iuris recipiendi
a rectoribus et presbiteris parrochialibus ecclesie Sancti S. predicte
qui pro tempore fuerunt, cuiusdam procurationis nomine et ratione,
triginta quinque solidos Par. : dictus tamen reus de possessionibus
uel quasi supradictis, uidelicet de prestatione iuramenti supradicti et
de solutione dictorum triginta quinque solidorum Par., licet fuerit
pluries super hoc requisitus competenter, spoliauit actores supradic-
tos, quos actores idem reus adhuc detinet spoliatos, contra uoluntatem
actorum predictorum. — Quare petit dictus procurator (2), nomine
procuratorio predicto, dictos actores ad possessiones suas uel quasi
predictas, quibus, ut dictum est, sunt spoliati, restitui; et triginta
quinque solidos Par. pro uno anno nuper preterito prestationis annue
supradicte ipsis actoribus reddi et solui; et ad hoc dictum reum sibi
sententialiter condampnari et condampnatum compelli; et super
premissis procedi, pronunciari, decerni et fieri, prout de iure fuerit
faciendum, officium etiam iudicis in hiis implorando quatenus est
implorandum. Et hoc dicit *etc.*

2. — *Super mutuo.*

Dicit et proponit in iure coram nobis Martinus contra Robertum,
quod dictus reus tenetur eidem actori in CC. lib. Par. ex causa
mutui eidem reo uel suo mandato a dicto actore uel suo mandato
legitime facti, uidelicet in C. lib. Par. primo per litteras bailliuie
Siluanectensis, et postmodum secundo in aliis C. lib. Par. sine litteris; quas ultimas centum lib. secundo debitas, ut dictum est, dictus
reus recognouit et confessus fuit, animo et proposito se obligandi, coram bonis et fidedignis ad hoc specialiter euocatis, presente dicto
actore, se obligatum esse legitime dicto actori ex causa supradicta:
cuiusmodi pecunie summam centum lib., secundo et ultimo, ut dictum
est, debitam, dictus reus promisit fide prestita corporali se soluturum
et redditurum dicto actori ex causa supradicta ad terminum iam elap-
sum. Unde, cum dictus reus competenter requisitus de dicta summa

---

(1) *Sic*, Ms.; corr. : *clero.*

(2) Ms. : *procuratorio nomine procur. predicto.*

pecunie C. lib. Par. secundo et ultimo sine litteris, ut dictum est, debita non satisfecerit, inmo satisfacere recusauerit et recuset contra iusticiam, petit dictus actor dictum reum sibi sententialiter condampnari per nos et compelli ad reddendum et soluendum sibi dictam
pecunie summam centum librarum Par. sibi, ut dictum est, secundo
et ultimo debitam, et ad promissionem suam super hoc facto adim-
plendam, petens idem actor super premissis pronunciari, decerni et
fieri, secundo quod de iure fuerit faciendum. Et hoc dicit *etc.*

3 (1). — *Martinus uendidit Berte domum. Titius impetiit Bertam
super domo uendita coram iudice seculari. Berta denunciauit Martino
ut faceret sibi garandiam super re uendita et litem in se susciperet.
Tandem euicit Titius domum a Berta coram dicto iudice. Modo agit
Berta ad interesse contra Martinum.*

Libellus: Dicit et proponit in iure coram uobis, domine iudex,
Berta contra Martinum, quod dictus Martinus uendidit dicte Berte
quamdam domum sitam in *tali* loco pro X., solutis plenarie eidem
uenditori in pecunia legitime numerata et de quibus se tenuit pro pa-
gato. *Et sequatur tenor instrumenti facti super uenditione usque ad
illud:* « non uenient in futurum », *et dicatur:* prout in litteris curie
talis antedictis (2) plenius continetur. Ac Seius postmodum dictam
domum a dicta Berta coram competenti iudice petiit, et ipsam domum per sententiam siue per iudicium euicit. Unde, cum dicta actrix dicto reo satis tempestiue et competenter et legitime denunciaue-
rit ut ueniret et eidem asisteret, predictam causam euictionis deffen-
surus, et dicta emptrix in tota causa euictionis predicta in nullo
extiterit in deffectu, nec in aliquo steterit per eamdem, et sua intersit
ratione et occasione euictionis predicte, et teneatur sibi dictus uenditor de interesse suo et reddere et soluere sibi interesse suum, quod
est et estimat dicta actrix ad ualorem, summam et estimationem C.,
cuiusmodi interesse dictus reus competenter itaque soluere et reddere dicte actrici recusauit et recusat contra iusticiam, petit dicta
actrix dictum reum sibi sententialiter condampnari et condampnatum
compelli ad reddendum et soluendum sibi predicta C. pro estimatione sui interesse predicti et pro suo interesse supradicto, et ad satisfaciendum sibi de hiis competenter, uel saltem ad estimationem boni
iudicis seu boni uiri, et super hiis sibi fieri *etc.*

(1) F° 2, r°.
(2) Lecture douteuse : *auctentis*

4. — *Libellus. Contra eum qui non garandizat, et nichilominus exigit precium uenditionis sibi solui. Alius libellus.*

Dicit et proponit in iure coram nobis Iohannes dictus Le Feron contra Seium reum, quod, cum dictus reus uendiderit predicto actori quoddam feodum cum suis pertinentiis, iuribus, redditibus et libertatibus, quod *sic* nuncupatur, pro precio C., de quo precio extitit dicto uenditori in aliqua parte satisfactum ; et de dicto feodo, quod promisit dictus uenditor eidem emptori garandizare et defendere contra omnes et deliberare, post uenditionem perfectam predictam, a Titio mota fuerit et sit et moueatur questio, lis et causa dicto actori, et euictio jam emineat et eminere uideatur in ipso limine (1) contractus ; super quibus dictus uenditor extitit certioratus competenter et legitime : hiis tamen non obstantibus dictus uenditor non efficiens neque faciens satisdationem siue cautionem ydoneam ut ius dictat, minus iuste et sine causa rationabili petit et exigit residuum precii supradicti nondum soluti, quod de iuris beneficio dictus actor uult, potest et debet (2), saltem donec a dicto uenditore dicto emptori satis efficiatur et fiat, secundum quod de iure fuerit faciendum. Quare petit dictus actor dictum reum sibi sententialiter condampnari et condampnatum compelli ad desistendum a petitione et exactione predictis, saltem donec idem reus adimpleuerit adimplenda ab eodem reo, prout de iure fuerit faciendum. Et hoc dicit *etc.*

5. — *Contra eum qui campanam ecclesie lacerauit.*

Dicunt et proponunt in iure coram nobis matricularii *talis* ecclesie, nomine matriculario ipsius ecclesie et pro ipsa, contra *talem* reum, quod idem reus ex certo proposito et animo dampnum inferendi eidem ecclesie, prout facti euidencia pretendebat, quamdam campanam ipsius ecclesie et ad usum dicte ecclesie ordinatam uiolenter fregit et dirupit minus iuste et sine causa rationabili in preiudicium, dampnum et grauamen ecclesie memorate. Item dicunt dicti actores nomine quo supra contra dictum reum, quod dicta ecclesia dampnificata est per factum et culpam dicti rei in premissis usque ad ualorem, summam et estimationem X. lib., et tantum sua interest dictam campanam per factum et culpam dicti rei non fuisse diruptam. Unde, cum dictus reus competenter et legitime requisitus ut dictis matriculariis nomine quo supra de dictis X. lib. pro predictis dampno et in-

---

(1) Lecture douteuse.
(2) Mot omis dans le manuscrit : *recusare ?*

teresse satisfaceret, hoc facere recusauerit contra iusticiam et recuset, licet premissa recognouerit esse uera, et super premissis contra eum fama laboret, petunt dicti actores nomine quo supra dictum reum sibi sententialiter condampnari per nos et condampnatum compelli ad reddendum et soluendum sibi dictas X. lib. pro dampno et interesse predictis, uel saltem de hoc ad arbitrium boni uiri. et super premissis sibi fieri *etc.*, officium nostrum implorando *etc.*

6(1). — *Super possessione uel quasi iuris funerandi.*

Dicit et proponit in iure coram nobis dominus Ph. rector *talis* ecclesie, ratione et nomine sue ecclesie supradicte, contra *talem* priorem, quod, cum dictus rector ratione et nomine ecclesie sue predicte fuisset et esset in possessione uel quasi juris uidelicet funerandi et sepeliendi et sepulture ecclesiastice tradendi in cimiterio dicte sue parrochialis ecclesie corpora defunctorum, quocienscumque et undecumque asportabantur, et undecumque erant, infra metas parrochialis ecclesie sue predicte, et contingebat ea tradi ecclesiastice sepulture infra metas supradictas; et recipiendi et habendi oblationes et obuentiones quascumque que fiebant et prouenientes gratia et occasione huius rei, et maxime de corporibus decedentium infra metas predictas, et maxime parrochianorum suorum infra metas predictas decedentium : dictus tamen prior quedam corpora, uidelicet *talium* quondam parrochianorum ipsius parrochialis ecclesie defunctorum, infra metas predictas asportata causa et occasione ea tradendi sepulture ecclesiastice, in processu iudicii si opus fuerit apercius declaranda et specificanda, preter uoluntatem et licentiam dicti rectoris, inmo contra uoluntatem eiusdem, extra cimiterium antedictum in *tali* capella existente infra metas supradictas sepeliuit et sepulture (2) tradidit; et inde occasione huiusmodi obuentiones et oblationes recepit et habuit usque ad ualorem, summam uel estimationem X. s.; et ea restituere dicto actori dictus prior competenter requisitus recusauit et recusat, dictum rectorem et suam ecclesiam predictam quamtum ad hoc sua(m) possessione uel quasi predicta taliter spoliando, et adhuc detinet spoliatos. — Quare petit dictus actor, ratione et nomine sue ecclesie predicte, se et suam ecclesiam predictam per eumdem ad suam possessionem uel quasi predictam restitui, et corpora seu ossa dictorum defunctorum et alia premissa sic recepta et habita a dicto priore, ut dictum

(1) F° 2, v°.
(2) Ms. : *et sepulture* (*bis*).

est, sibi restitui, uel saltem de hiis ad estimationem uel arbitrium
iudicis uel boni uiri, et ad hoc dictum reum sibi sententialiter condampnari et condampnatum compelli, et super premissis procedi,
pronunciari, decerni et fieri quod ius dictat. Et hoc dicit et petit *etc.*

7. — *Contra parrochianos qui nolunt contribuere ad refectionem
campane.*

Dicunt et proponunt in iure coram nobis *tales*, matricularii ecclesie
de *tali* loco, nomine ipsius ecclesie et pro ipsa ecclesia, actores, contra
commorantes seu manentes in *tali* hamello de parrochia dicte ecclesie
existenti et inhabitantes ibidem, reos, quod, cum uniuersi et singuli
commorantes infra metas dicte parrochialis ecclesie *talis* loci ad refectionem dicte ecclesie et campanarum eiusdem ac ceterarum rerum ad
usum dicte ecclesie ordinatarum, casu ad hoc se offerente, pro modo
facultatum suarum et numero personarum conferre ac contribuere te-
neantur, de consuetudine ab olim nedum ibidem obseruata pacifice
et legitime prescripta, sed in locis circonuicinis et in tota dyocesi
Beluac[ensi]; ac quedam campana ad usum dicte ecclesie ordinata
nuper a casu dirupta fuerit et confracta, cuius refectio(ne) imminet
facienda : dicti rei commorantes in dicto hamello situato infra metas
dicte parrochialis ecclesie matris sue, in qua quidem ecclesia recipiunt
ecclesiastica sacramenta, minus iuste et sine causa rationabili circa
refectionem eiusdem campane pro modo expensarum, numero personarum et quantitate bonorum suorum secundum arbitrium boni uiri
una cum aliis parrochianis ecclesie conferre et contribuere, super hoc
competenter et legitime requisiti, tamquam filii inobedientes recusauerunt et recusant, contradixerunt et adhuc contradicunt. — Item
dicunt dicti actores nomine quo supra contra dictos reos, quod, cum
ab antiquo et ex certa causa gangagium (¹) et careagium uinorum in
dicto hamello crescentium ad fabricam dicte ecclesie et uiarum refectionem et omne emolumentum ex eis proueniens pertineat et pertinere
debeat, et ab antiquo pacifice consueuerit assignari et tradi matriculariis (²) dicte ecclesie qui pro tempore fuerunt pro premissis faciendis:
nichilominus dicti rei, qui a uiginti annis citra gangagium et carcagium (³) predicta tenuerunt, et emolumentum proueniens ex eis ipsi

(1) Il faut corriger sans doute ce mot et lire *grangagium*. V. Du Cange,
vᵗˢ *Granea, grangaticum*, etc. : *debitum horreorum, id est grangaticum ;
granchiagium et tractum et cetera omnia que ad decimam pertinebant.*

(2) Ms. : *matricularii.*

(3) Ms. : *careagium* ou *carcagium*. Les deux formes se trouvent dans

uel eorum mandato habuerunt et leuauerunt, matriculariis dicte ecclesie pro gangagio et carcagio predictis quolibet anno(rum) dictorum uiginti annorum octodecim solidos Par. tantum modo tradiderunt, asserentes et falso quod plus non ualebat emolumentum gangagii et carcagii predictorum, licet secundum ueram et iustam estimationem plus ualuerint gangagium et carcagium predicta usque ad summam et estimationem centum librarum Par., quas penes se detinuerunt et adhuc detinent dicti rei in preiudicium dicte ecclesie et grauamen : sufficienter et legitime requisiti ex parte dictorum matriculariorum, ipsis nomine quo supra reddere et restituere sine causa rationabili recusauerunt et recusant, licet premissa coram bonis pluries recognouerint esse uera, ac super premissis laboret publica uox et fama. — Quare petunt dicti matricularii, nomine quo supra, dictos sibi sententialiter condampnari per nos et condampnatos compelli ad conferendum et contribuendum una cum ceteris parrochianis dicte ecclesie circa refectionem predicte campane pro modo expensarum eiusdem, numero personarum dicti hamelli et quantitate bonorum suorum, saltem ad arbitrium boni uiri ; nec non et ad reddendum et restituendum sibi nomine quo supra dictas C. libras Parisienses, uel saltem satisfaciendum sibi de hiis ad arbitrium boni uiri, causis et rationibus antedictis, officium nostrum implorando in premissis quatenus est implorandum. Et hoc dicunt et petunt dicti actores nomine quo supra, iuris beneficio in omnibus sibi saluo *etc.*

II.

8(1). — *Libellus* : Dicit R. contra G. quod dictus R. fuisset et esset in possessione uel quasi percipiendi et habendi singulis annis X. s. annui census super *tali* domo a possessoribus dicte domus et tenentibus(2) eamdem. Dictus reus, qui dictam domum per annum et amplius tenuit et possedit, tenet eam et possidet, de dicto censu annuo per dictum tempus nichil soluit; sed soluere et reddere eidem actori, pluries et competenter requisitus, recusauit et recusat, dictum

---

Du Cange : *Vectigal, quod ex carris mercibus onustis percipitur.* — La forme correcte est *careagium*, ou mieux *carreagium*. V. Du Cange, *h. v°*.

    (1) F° 103, v°, col. 3.
    (2) Ms. : *tentantibus* ou *teneantibus*.

actorem sua possessione uel quasi predicta taliter spoliando contra
uoluntatem eiusdem. Quare petit dictus actor ad possessionem suam
uel quasi predictam restitui (1), ipsumque reum sibi sententialiter
·condampnari et compelli ad reddendum sibi et soluendum X. s. arre-
rag. dicti census temporis supradicti, ut sic idem actor ad possessionem suam uel quasi predictam integre restituatur et ad plenum,
in qua erat tempore spoliationis predicte. Hoc dicit *etc.*

9 (2). — Dicunt in iure coram nobis Titius et Roberta eius uxor,
filia quondam et heres insolidum Sebeline uxoris quondam Milonis,
·contra dictum M. et A. ad presens eius uxorem, quod, dicta S. sub-
lata de medio, dictus Milo secum detinuit in domo sua dictam Robertam, et insimul vixerunt communiter de bonis communibus, et
bona, que dicte S. ex successione materna deuenerant, et bona in-
mobilia, que erant dicte Roberte, per plures annos tenuit, et inde
fructus, exitus et prouentus recepit et habuit per plures annos et
·communicauit cum bonis suis; et hec tam diu fuerunt, quod secundum usum et consuetudinem patrie societas fuit contracta inter eos-
dem Robertam, M. et A. in bonis et maxime mobilibus, que remanserunt et remanent penes dictos Milonem et A., quorum bonorum
mobilium tercia pars spectat et pertinet ratione societatis predicte ad
·dictos actores de consuetudine predicta rationabili et legitime prescripta et hactenus pacifice obseruata; et maxime cum dictus M. habeat (3), que per plures annos mansit in societate predicta, et penes eam
et dictum M. remanserunt bona communia supradicta. Unde, cum
·dicti rei competenter requisiti de dicta tercia parte dictos actores con-
tingente, que est ad ualorem, summam et estimationem s. C. lib.,
·satisfacere recusauerint et recusent contra iustitiam, petunt dicti actores dictos reos sibi sententialiter condampnari et compelli ad redden-
·dum et deliberandum sibi terciam partem supradictam, si extant
dicta bona, uel, si non extant, C. lib. pro estimatione seu ualore
tercie partis bonorum predictorum antedicte, uel saltem de hiis ad
estimationem et arbitrium boni iudicis uel boni uiri. Hoc dicit *etc.*

10 (4). — *Libellus :* Dicit A. contra B., quod ipsi actor et reus
ultimo citra (5), mutuo consensu interueniente, uerbis ad hoc aptis,

---

(1) Ms. : *restititui.*
(2) F° 119, v°, col. 1, dans la marge extérieure et inférieure.
(3) Mot omis dans le manuscrit : *uxorem ?*
(4) F° 119, v°, col. 2, dans la marge supérieure.
(5) Ms. : *ult° cit'.*

per uerba de presenti, fide interposita corporali hinc et inde, matrimonium contraxerunt. Quare petit dictus actor dictam ream sibi sententialiter condampnari et compelli ad sollempnizandum et sollemp-
nizari faciendum et permittendum [1] in facie ecclesie, prout moris
est, matrimonium cum eodem. Hoc dicit *etc.*

11 [2]. — *Libellus :* Dicunt P. et G. contra R., quod pater et mater
dicti R., tempore quo decesserunt, habebant plura bona de conquestu
suo mouentia, uidelicet *hoc* et *hoc ;* et quod dicti pater et mater in
suis testamentis legauerint nepotibus suis omnes conquestus suorum (!)
ob remedium animarum suarum in puram, perpetuam et irreuoca-
bilem elemosynam; et post dicti pater et mater decesserunt. Unde,
cum dicti actores sint nepotes predictorum patris et matris, et dictus
reus dicta bona minus iuste et sine causa rationabili teneat, possideat,
tenuerit, possederit et occupauerit post ipsorum patris et matris deces-
sum, et inde fructus, exitus et prouentus leuauerit, perceperit et
habuerit usque ad ualorem uel estimationem decem, et ea bona competenter requisitus dictis actoribus (reddere) [3] restituere, tradere et
deliberare recusauerit et recuset contra iustitiam, petunt dicti actores
dictum reum sibi sententialiter condampnari per nos et compelli ad
restituendum, tradendum et deliberandum sibi dicta bona seu dictas
res cum fructibus inde perceptis [4], si extant, uel, si non extant, X.
pro ualore seu estimatione earumdem, uel saltem ad arbitrium boni
uiri.

12 [5]. — Dicit in iure coram nobis Berta contra P., quod, cum
ipsa cum S. quondam marito suo, constante matrimonio inter ipsos,
se obligasset dicto reo in quodam debito, occasione cuius debiti dicta
B. excommunicata est auctoritate nostra, et dictus S. maritus eius
decesserit, post cuius obitum de bonis mariti sui et de bonis communibus mobilibus et aliis nulla bona remanserunt penes dictam B. nisi
tantummodo bona dotalia et ad dotem eiusdem pertinentia; unde,
cum, de consuetudine patrie, dicta B., ex quo non habet nisi dotem
suam ut dictum est, non teneatur soluere aliquid de debitis contractis
constante matrimonio inter ipsos B. et S., et dictus reus contra iustitiam se oppo[neat] quominus dicta B. absoluatur ab excommunica-

----

(1) Ms. : *permutendum ?*
(2) F° 119, v°, col. **2**, dans la marge intérieure du feuillet.
(3) *Reddere* semble rayé dans le ms.
(4) Mot en partie effacé dans le manuscrit.
(5) F° 119, v', col. **2**, dans la marge inférieure, à droite.

tione predicta : petit dicta B. dictum reum sibi sententialiter condampnari et [compelli] ad permittendum ipsam absolui ab [excom-
municatione] predicta, et ad desistendum ab imped[imento...] (1).

13 (2). — *Libellus* : Dicit R. contra G. executorem testamenti
seu ultime uoluntatis F., executorio nomine, quod dictus F. suum rite
et legitime condidit testamentum, et dicti testamenti dictum reum
constituit executorem, et maxime ad reddendum et soluendum sua
debita et legata per ipsum executorem onus huiusmodi in se susci-
pientem (3); et quod dictus F., dum uiuebat et tempore quo decessit,
tenebatur eidem actori in decem ex mutuo. Unde, cum de dicto
debito non sit nec fuerit in aliquo satisfactum, et dictus executor de
bonis dicti testatoris (4) ad hoc et alia sufficienter habuerit et habeat,
et facultatem soluendi et reddendi premissa de bonis dicti testatoris
habuerit et habeat, seu per eum steterit et stet quominus habuerit et
habeat facultatem antedictam, et requisitus competenter premissa non
adimpleuerit, sed contra iustitiam recusauerit et recuset soluere et reddere debitum supradictum, petit dictus actor dictum reum nomine
executorio predicto sibi sententialiter condampnari et condampnatum
compelli ad reddendum sibi et soluendum dictam pecuniam causis et
rationibus supradictis. Hoc dicit *etc*.

14 (5). — Dicit *talis* contra *talem* executorem testamenti *talis*, nomine executorio, quod dictus t., compos mentis existens, suum condidit
testamentum seu suam ultimam uoluntatem; in quo quidem testa-
mento seu ultima uoluntate sua inter cetera legauit tribus liberis M.
sororis sue cuilibet IIII^{xx} lib. Par., ita tamen quod, si unus ipsorum
decederet absque herede sui corporis, quod pars decedentis ad super-
stites liberos reuerteretur; cuius testamenti certos deputauit et ordi-
nauit executores, uidelicet *tales* ac dictum reum, qui onus dicte executionis in se suscepit, et qui solus executioni ac negotio executionis
predicte se inmiscuit, gessit ac etiam administrauit et adhuc solus
gerit negotia predicta et administrat. Item dicit dictus actor contra
dictum reum, nomine quo supra, quod ipse de bonis ad executionem

---

(1) La fin des dernières lignes est effacée.

(2) F° 120, r°, dans la marge supérieure.

(3) Mots rayés dans le ms. : *item dicit dictus actor contra dictum.*

(4) Mots rayés dans le ms. : *habuerint et habeant seu per eos steterit et stct.*

(5) F° 120, v°, dans la marge de gauche.

pertinentibus penes se habet, tenet et possidet sufficienter, de quibus potest solui et satisfieri dicto actori, uel dolo desiit habere, tenere et possidere, et per ipsum factum est quominus habeat, teneat et possideat, et quod tam de iure, usu et consuetudine diu obtenta, approbata et in ius uersata notorie et hactenus pacifice obseruata, maxime in partibus ubi partes degunt, executores tenentur ad solutionem legatorum et legata soluere legatariis ac debita creditoribus, possunt etiam a legatariis et creditoribus pro legatis et debitis conueniri, presertim ubi de bonis, ut dictum est, ad executionem pertinentibus penes se habent et detinent, de quibus premissa possint solui. Item dicit dictus actor contra dictum reum nomine quo supra, quod Iohannetus frater quondam dicti rei ac liber quondam dicte Marie decessit sine herede sui corporis, et ita tam de iure quam ex dispositione ultima dicti testatoris medietas dictarum quatuor uiginti (1) dicto Iohanneto quondam collegatario dicti actoris et etiam fratri obuenit et acreuit (2). Unde, cum dictus reus, nomine quo supra, fuerit et sit in mora reddendi et soluendi dicto actori dictas IIII[xx] lib. sibi legatas ac alias xl. lib. sibi acquisitas et debitas iure quo supra, inmo requisitus *etc.*, petit *etc.*

Robert Caillemer,
Professeur agrégé d'histoire du droit
à l'Université de Grenoble.

(1) Suppl. : *librarum.*

(2) Il y a évidemment des mots omis dans le ms. On peut, par exemple, reconstituer ainsi le texte : « ... medietas dictarum quatuor uiginti [librarum], dicto Iohanneto... etiam fratri [legatarum, dicto actori] obuenit... »

IMPRIMERIE
CONTANT-LAGUERRE

BAR LE-DUC

www.ingramcontent.com/pod-product-compliance
Ingram Content Group UK Ltd.
Pitfield, Milton Keynes, MK11 3LW, UK
UKHW020013130726
13694UKWH00005B/2264

9 782019 241704